동굴

주로진 시집

문학의전당 시인선
0276

동굴

주로진 시집

문학의전당

시인의 말

이제
A5 백지
여백으로 남았다

바다를 건너 뭍에 닿아
눈에 띄는 마을

또 미지의 마을에 닿기까지
아무도 보이지 않을 것 같다

오직 한 장의
하얀 여백만이
눈 안으로 들어오고 있다

2018년 2월
주로진

차례

제2부

제3부

제4부

제1부

연밥

씨앗이라 불리지도 못했다
중심에 있었지만 관심은 늘 꽃의 몫
수천 년 땅속에서 웅크렸던 연밥이
싹을 냈다
딱딱한 껍질을 갈아냈을 때
그도 발아한다
제 몸에 상처가 나야, 연밥은
싹을 낸다

이슬

이른 아침 풀잎 위
이슬방울들이 숨을 멈추게 한다
빛의 누각,
눈부셔 바라볼 수가 없다

단벌옷이 젖어 달라붙도록
긴 밤 허공을 달려온
저 작은 물의 집

한 발도 제 속을 내주지 않는다
손이라도 닿는 순간 스스로 굴러
제 모습을 지운다

저 여리디여린 것이
세상에서 가장 단단한 집을 지었다

광야에서

바람이, 세상 모든 바람들이 우우—
낯선 얼굴들을 들이민다
나무 한 그루 그늘 한 자락 없다
어쩌다가 납작 엎드린 마른 풀 몇 포기,
어느 행성에서 쓰다 버린 별들인지
주먹만 한 돌멩이들이
식어버린 분노처럼 널브러져 있다

습작노트

나는 평생 엎드려 글을 쓴다
고구마밭 한 뙈기는 내 습작노트
이 고랑에서 저 고랑까지 사래 긴 밭
구불구불한 부호가 내 언어이다
아무도 읽지 않는 일기장만 수십 권
어둠과 빗물을 찍어 일생을 적었다
더러 한 토막 생을 물고 달아나는
텃새가 들락거려도
가끔 호미 날과 괭이가 내 글자를 지우고 끊어버려도
나는 동강난 몸을 이어 다시 생을 쓴다
생각을 끌고 가면
땅속에도 길이 생겨 숨통이 트인다
온몸에 열린 숨구멍
어미로부터 배운 필치,
하늘을 땅 밑까지 끌어당겨 기록한다
이 투박하고 두꺼운 책을 누가 다 읽나
어느 날
작은 구멍으로 하늘을 쳐다보았다

흙 구멍 밖 큰 하늘, 목이 말랐다
얼마나 문장을 더 이어가야 저 높은 곳에 닿을까
혹 내가 찾는 답이 있을까
어둠에 밝은 눈으로 다시
저리며 저리며 밭을 뒤진다

터널

한 발 한 발 걸어 들어간다
시끌시끌한 문장들이
제자리를 찾아 뼈를 맞춘다
제어할 수 없는 욕망, 유혹, 사랑의 척추
먹먹했던 생각들이 하늘하늘 풀려난다
내 안 어린 달이 애티를 벗어난다

사유의 텅 빈 여백,
낮은 천정과 긴 터널로 이루어졌다
머리를 낮추고 사뭇 익살을 부려보지만
누군가 뒤따라오는 소리……

내가 고통일 때
나의 은신처였고
나 아닌 다른 무엇으로 살 수 있는 유일한 공간
마지막까지 내가 찾아내야 할 문이고
꼭 당도해야만 할 나 자신이다

내가 살아가는 동안

산이나 계곡 그 어디에서든
조그만 돌 하나 가져다주세요
그걸 그리움이라 여기고
평생 간직하겠습니다
당신의 발부리를 자꾸 건드리는
입이 불퉁한 돌이라면
더욱 좋겠습니다
당신이 가시는 길에 혹
모가 난 돌이 있다면 그 하나
내게로 보내주신다면
앞이 캄캄하고 추운 시절
당신이 내게 처음 오신 날처럼
또 세상이 환하겠습니다

석류

석류꽃 여름
벌들을 잔뜩 불러들이더니
석류꽃 종자까지 남용한 죄
댕강 댕강
꽃모가지 잘려나가고
양볼 미어터지게
한여름 햇살 잘근거린 양이
과해
마침내
쩌억 벌어진 석류,
알강생이* 씨알들을 들통 내다.

*알강생이: 옷을 입지 않은 갓난아기.

찬란한 생

어두운 흙 속에서
얼굴까지
제가 싼 똥을 뒤집어쓰고
앞으로 앞으로
길을 뚫고 나아간다
하늘 한번 쳐다볼 수 없는
나날을 견디는
지렁이의 일생,
무르고 가느다란 몸
음양의 기운을 한 몸에 짊어진 몸으로
고달픔과 외로움을 악물고 꾸는
지렁이의 꿈
먹잇감이 되어
새의 목구멍 속으로 들어가는
그 순간만이라도
지렁이는
찬란한 생을 건넜으리라

사막은 그늘의 반대 방향으로 눕고

아득히 원시로부터 들려오는 소리
실체 없는 언어를 해독한다
풀 수는 없으나 저, 고요한 불길
가슴이 점점 뜨거워오고 숨 쉬기조차 벅찬,
사막은 불의 언어로 충일하다

적막한 삶, 그리고 텅 빈 공허
모래바람 회오리치는 고통 속에서
헐떡거리는 체온은
그 어디에서도 찾을 수 없는
생명체를 찾아 그곳을 헤맸다

갈무리할 수 없었던
치닫기만 하던 불꽃같은 열망,
뜨거운 바람을 언제 어떻게 걸치고
하나의 언덕을
계곡을 이루는지를 학습했다

지도에도 없는 사막에다 배설을 하듯
이제, 무거운 내 허망을 내려놓는다
열기와 떼구름, 동물들의 숨소리
죽은 듯, 사막은 살아있다
바람과 불의 운율에 맞춰 사막은
그늘의 반대 방향으로 눕고
서명을 남기는 것처럼 나는, 발자국을 남긴다

검은 돌

흙 묻은 돌을 깨끗이 그리고
귀하게 씻었다
중후한, 내겐 꽉 찬 돌이었다

돌이 돌 하나를 들고 징검다리를 건너간다
질금질금 맨발을 적시는 냇물
검은 돌을 든 내 손을 언뜻 바라본다

발밑이 흔들리고 조금은 위태로운
불안한 돌,
냇물은 물밑 돌들을 굽이쳐 흐르고

돌이 돌 하나를 들고 징검다리를 건너는 것은
어떤 불안한 의지, 의지의 무게를 거머쥐고
생의 샛강 하나 건너가는 일이다

모래무덤

바람이 허공을 체질하고
허공이 바람을 물어뜯는 소리 가득하다
무엇인지 모를 서두름에 휘둘리는
상형문자들이
모래바람 속에서 말을 걸어온다
눈도 못 뜨는 나는 아무 말도 할 수가 없다
내 몸은 이제
시간의 무덤 시간의 현상
또 다른 시간의 변용일 뿐,
끝없이 펼쳐놓은 모래바다 모래무덤
뜨겁고 아찔한 능선과
음흉한 모래 골짜기들
쉴 새 없이 불어대는 한낮의 열풍인가 하면
얼어붙을 것처럼 차가운 밤바람에
수시로 몸을 바꾸는 나는
텅 빈 사유,
사유의 시작과 끝이다

명상

갈치 떼가 직립 중이다
암초와 암초 사이 적소에서 벌어지는
저 고요한 명상,
사나운 이빨을 감추고
하늘로 향한 기도인가
먹잇감인 정어리, 멸치, 전어들도
이 시간만은 갈치를 두려워하지 않는다

팽팽히 정지된 시간
파도마저 뒤꿈치를 들고 건너간다
갈치의 명상은 물과 물 밖의 세상,
저 꽉 찬 무영을 보라
은빛 옷을 걸치고
약한 제 살, 갈치 꼬리를 뜯어먹는 폭력도
입 안에 숨겨진 날카로운 식욕도
고요함 속에서 묵상 중이다

비늘 하나 없다

날선 칼날이 된, 등지느러미만 날렵한 갈치
무슨 생각이 저리 깊을까
저들에게도 일촉즉발 위기의 순간이 있을까
칼집에 칼을 꽂듯 수중에 몸을 꽂은
은백색 매끈한 몸 한 자루 보검이다

갈치의 명상
아무도 이 시간을 방해하지 않는 바다세상도 있다

불의 노래

너를 향한
허기진 열망은 불잉걸,
숯불이다

활활 욕망의 혓바닥을 잠재운
너의 덕행
한 항아리 숯불이다

불의 노래 나의 열망,
아무리 작게 작게 불러도
한 무더기 숯불이다

추운 계절을 모르는 불잉걸,
너를 보고도
목 터지게 부르고 싶지 않을
영혼이 어디 있을까

돌문

돌의 문은
묵직한 돌로 닫아놓은
단단한 그 문은
다시는 열 수도 없고, 열지 말라는
열어서는 아니 되는 문
스스로 잠근 문이다

돌문,
영원한 휴식의 문 또는
다른 세계로 통하는
불침의 문

그러나 세상에 단 하나
깃털보다 가벼운 돌문이 있었다

이천여 년 전
그 돌문을 열고 나온 부활의 문이다

덫

차가운 올가미에
발목이 잠기는 순간
어린 노루의 배고픔은 길을 잃은 것이다

어미를 찾는 간절한 울음도
주인을 잃은 것이다

목을 점점 조여 오는 울음에
피가 묻어난다

어미마저
끝내
발길을 돌린다

내가 놓은 덫에 내가 갇힌 적 있다

제2부

일생의 꿈

목어의 아가미에 물려도 좋을
목정(木釘)

나는 결코,
대못이 아니어서
누구의 손에도
피를 묻히지 않았다

어느 가슴에도 탕탕
박히지 않았다

틈을 찾아
나무의 몸으로 들어서는 순간

나도 함께 나무였다

그루터기

날개가 없는 나무들은 광활한 창공을 가졌다
바람과 동행하며
하늘의 음성에 귀 기울인다
가문 날엔 뿌리는 더 깊이 내려가
땅속의 길을 찾는다
두 개의 길, 그 사이에 서 있는 나무들
그 틈에서 길을 만들며 나무의 나라를 확장시킨다
밑동을 버려도 뿌리는 남아
본적을 떠나지 않는 족속들
그루터기에 일생을 적어 두었다
평생 걸어온 길
얼마나 제자리에서 돌고 돌았는지 틈이 빽빽하다
두 개의 길을 가면서도
제 몸에 또 둥근 길을 내고 있다
거친 톱날이 다녀가도 끝까지
하늘의 궤도를 벗어나지 않고
볕에 드러난 길, 바람과 햇볕이 다녀간
숱한 발자국이 찍혀 있다

나무는 평생 그것들을 받아 적었다
길이 끊어진 나무들
다시 옆구리에 길을 내기 시작한다

초록 유언

한평생
자기 무덤을 함께 갈무리해 온 팽나무
몇 아름드리 몸통은 거처로 먹이로
수많은 짐승들에게 속을 다 내어주고도
빈 마음 하나 보이지 않는다
먼저 키워낸 큰 가지
깊은 잠에 든 지 오래되었고
사방으로 뻗치던 가지들은
거뭇거뭇 흔적만 남았다
숱한 눈보라와
천둥 번개 견뎌내느라
쩍쩍 갈라진 묵은 시간의 틈새
해맑은 초록 순 하나,
뼛속 깊이 묻어두었던
예시된 임종의 언어인가
켜켜이 꺾이고 허물어진 생의 둘레 안
저 고목의 초록 유언,
아무도 흉내 낼 수 없을 것만 같다

자작나무 숲에 들다

하얀 무대복을 입은
인제 자작나무 숲
모차르트 교향곡 40번
현의 울림으로 가득하다
청푸른 하늘엔
노란 나뭇잎들이 나비처럼 날고
하르르르 떨림음에
갈바람도 가지에 휘감기고
유목의 유전이 한층 흐르는 시간
가을 자작나무들의 대향연
백의의 발레리나 군무 무르익어간다
저 순수의 뼈에서 이는
상승의 기쁨으로 충만한 자태들이여
그 안에 갇혀버린 떠돌이 영혼이
생명의 노을에 황홀이 젖어들 쯤
내 방황의 도돌이표
오, 마침표를 찍으리

곶자왈

한 권의 고전을 읽는 것처럼 삼나무 숲을 지나
천연의 베일 안으로 들수록 아득히—
원시의 신비로움 밀려온다
굳은 바위 틈 은폐된 정적이 일어선다
암괴들을 끼고 돌아앉아 젖을 물린 바위
그 어디에도 펄펄 끓는 욕망 덩어리 보이지 않고
용암이 흐른 안온한 페이지마다 젖물 흐른다

묵은 이끼가 켜켜이 써놓은 눅눅한 문장들
세상 멀어지고 점점 가벼워지는 몸이
곶자왈의 배꼽, 요철에 흡수된다
덤불 속 크고 깊은 암노루의 두 눈,
태곳적 신비에 빠져든다
새들은 노래를 멈추었고
세세한 숲의 상형문자들이 태고의 실마리 풀어놓는다

모난 돌을 감싸고 있는 참가시나무
나뭇잎 그림자는 말을 한다

헛된 욕망도 욕망의 어미 용암도
용암은 죽어 다른 세상 다른 모습으로 사는 거라고,
대지의 심연 깊이 얽혀든 불의 고리들이
어느 광년 폭발하고만 불들의 폐허에서
불후의 걸작 선흘 곶자왈, 고전 한 권을 해독한다

무화과

꽃잎과 꽃술
안으로만 오므려
초록 지붕을 얹었다
어느 이방인의 방언처럼
배꼽조차 보이지 않아 뭉실하다
벌, 나비들의
외면 아닌 외면
그는 얼마나 숱한
밤을 하얗게 지새웠을까
눈길을 끌지 못하는
말랑한 허물
그도 세상에서 한번쯤
튀고 싶은 때가 있었을 것이다
그건 남몰래
설렘을 다독이는 일
숨은 듯 제 몸 안에
숨죽인 꽃등 하나 밝혀두고
꽃 마음 버무려내는 일

농익어서야 툭 터뜨리는
저 육즙을 보라
속 뜨겁고 애달픈 사랑의 완성이다

바람꽃

바람으로 오셔요
새벽안개가 꽃잎에 스며들 듯
살포시 안개바람으로 오셔요
한낮의 농익은 향기를 가득 안은
꽃바람으로 오셔요
미처 다 불사르지 못해 더 붉어진 노을의
뭉클한 떨림으로도 오셔요

이슬 맺힌 마음 닦아주는 명주바람으로 오셔요
부서진 몸 다독여주는 산들바람으로 오셔요

꽃샘추위가 시샘하는 날도
봄비 촉촉한 날에도
당신이 지나는 그 길, 바람의 길 위에서
여린 꽃잎 오롯이 세우고 서 있는
나는, 바람꽃입니다

제비꽃

한적한 들판이나 인적 드문 산기슭에
절로 나서 저절로 피는
파아란 제비꽃,
빛의 파장이 가장 짧은 파랑으로
빨강보다 훨씬 더 뜨겁게 피어났다

가슴 시린 그리움
이 들판 저 들판, 이 산 저 산 찾아 헤맨다
조그만 꽃잎 가녀린 몸
뜨겁게 옹골차게 살아보리란 열망이
씨방 가득 꽃씨를 실어놓는다

목아일체(木我一體)

거친 바위의 골격을 닮은, 맨살
한 나무의 뿌리 앞에 서 있다
자신의 존재와 입지를 단단히 한 나무다
선흘 곶자왈
용암이 흐르다 멈춘 불물의 사지에
왜 하필 이 나무는 뿌리를 내렸는지
어디로부터 온 나무인가

몸통보다 몇 배 넓게 터를 잡은 판근(板根)들
굴곡진 뿌리들이
흙 한 줌 없는 암벽 위에 엉켜 있다
저, 사투를 벌인 모습들
산 공룡의 뼈다귀처럼 완력이 넘친다
불굴의 의지에 압도된다

짧은 목을 빼고
뿌리에서 가지 끝까지
한참을 올려다본다

어느 사이 내 몸은
그의 정수리를 향해 용트림을 한다
그도 내 안에서 새 가지를 뻗는다
목아일체(木我一體), 의 순간이다

낭독

한라산 단풍과 첫서리의 황망한 포옹,
새벽같이 달려와 엉킨 입김 눈부시다
저 하얀 겨울의 전령은
볼 붉은 꽃단풍의 꿈으로
숱한 경계와 경계
계절과 계절의 긴 밤을 보냈을 것이다

순백의 연미복에 포옥 감싸인
빨강 노랑 연두들 가쁜 숨소리
찌릿찌릿 달아오른 윗새오름 정상이
클림트의 키스를 연상케 한다

골짜기에선 희뿌연 산울림이 휘돌아 나오고
내 등 한사코 떠밀어오는 비바람,
성큼성큼 앞서가고
양양한 너와 나의 접속곡은 꿈을 꾸듯
찬란한 색채의 향연에 동참하고 있다

냉혹한 향기, 몽환적인 이 순간이여 멈추어다오
나의 긴긴 밤은 이미 밝았고
너와 나의 황황(煌煌)한 포옹,
영원한 해동, 영원한 해열도 불허한다
키 작은 철쭉도 산벚나무도 팔 벌리고 서서
눈먼 파도야 모두 와라 목소리를 높여
순간의 절정, 천상의 원색 문장을 낭독한다

꽃샘바람

경칩도 훌쩍 넘겨 찾아온
한겨울 칼바람
봄을 벨 듯한 바람 소리가
밤새도록 문 앞을 서성인다
아직 내려놓지 못한 아우성들
잠들지 못한 한숨
무슨 미련이 남은 걸까

이제 다 털고 가시게

연꽃

홍련이 타네
궁남지 홍련 백련들이
오백나한처럼
그윽한 향불 피워 올리네
꽃심지 쏘옥 뽑아 올린
씨 종지 하나 받쳐 든 뿌리들
진흙 속에서 얼마나 용을 쓰고
못물 위에 꽃집을 짓는가
꽃술 바르르 타들어가는가
칠월 한낮
하늘은 태양을 달구고
드넓은 연못은
세상에 꽃등을 내걸었네
내 안에 꽃불 하나 환하네

혹

검은 유령을 좇는 오페라 발레리나처럼
유구한 소사나무 숲이 서 있다
수십 년 땡볕에 그을리고 칼바람에 터진 몸
겨울에게 옷을 다 벗어준 몸으로 영흥도
바람의 길목을 지키고 있다

센 바람이 단번에 지나갈 수 없어
구불텅구불텅 나무들의 팔을 비틀고 간 흔적이
근육질의 검은 혹으로 솟았다
주먹만 한 이 혹들,
출구 없는 컴컴한 몸 안을 맴돌다 그만
무덤처럼 혹이 되었으리라

온통 흑빛, 한 폭의 목판화처럼
환한 시간의 빛 하나 묻어 있지 않다
검처럼 날카롭고 어둠처럼 두려운 일생,
얼마나 이곳에서 해방되고 싶었을까

이 섬섬한 침묵 심오한 자태, 고요한 함성을
온갖 바닷바람과 맞선 방풍림 숲에서 듣는다
수천수만 번 저 혹 안에 든 달의 눈물 별들의 기도,
어느 유장한 날
호두나무나 가문비나무의 붉은 무늬의 혹처럼
마음을 울리는, 귀한 현악기로 다시 태어나거라

팔만대장경

매화도 개나리 진달래도 들어간 시간
게으른 듯 산벚나무가
꽃망울을 터뜨린다
봄 느지막이 올라온 사람들에게 꽃그늘도 되어주고
직박구리에겐 버찌도 내어주며
위로가 되어준다

혹독한 겨울엔 더욱 매무새를 가다듬으며
평생을 닦고 정진하며 수행한 삶
제 몸에 옹이 한 점 남기지 않은 정갈한 살결이다
궁극의 깨달음에 들어선 산벚나무
소금물에 자기 몸을 절이고 절여
욕망의 티끌 하나마저 삭이며
구도의 길에 들어선다

자신의 몸을 깎고 또 깎고
한 글자 한 글자 몸에 경문을 새긴다
깨달음을 얻은 수행자, 팔만대장경이 되어

해인사에서 참선하고 있다
천년의 숨결, 천년의 등불이다

예불하러 들어온 바람이 대장경을 스치며
한 자 한 자 읽어 내려간다
우주의 첫 문이 열리고
햇빛이 바람이 구름이 뒤섞이며 유영한다
바람이 스치고 간 자리, 한 침묵이 정좌한다
"心"

꽃돌

내가 아직 물렁한 어둠일 때
너는 장미,
내게로 오면
바람 부는 날에도 봉긋봉긋
꽃피울 수 있게 해줄게
때로는 토라져 뾰로통한 입술
잔뜩 성난 일도 꼭 내게로만 온다면
향기가 피게 할게
영원히 꽃으로 지켜줄게
내가 처음 반한,
너의 몸짓과 향기에
사랑의 여의주를 물려줄게
언젠가는 나와 한 몸이 될 꽃돌,
장미를 위해

제3부

화살

화가 디에고를
아프로디테의 아들인 한 남자를
사랑하니까 쏘고
사랑이 아프니까 쏘고
사랑이 미우니까 쏘고
사랑이 멀리 있으니까 쏘고
사랑이 다른 여인에게 가 있으니까 쏘고
사랑이 다름 아닌 여동생이니까 쏘고
사랑하는 여동생이니까 쏘고
그러는 자기 사랑이 싫어서 쏘고
그런 사랑을 사랑할 수밖에 없어 쏘아댄
아홉 개의 화살 자국에 핏빛 선연한,
하얀 사슴 몸뚱이에 제 얼굴을 달고 뛰는
암사슴 한 마리, 프리다 칼로

프리다 칼로

내가 당신을 사랑하는 것은
미모도 동정도 아니다
서른 번이 넘는 메스의 슬픈 눈물도
피 묻은 하얀 거즈의 목멘 몸부림도 아니다
당신을 한순간 통째로 꿰어버린
쇠파이프의 절규만도 아니다
사경에서도 꿈틀꿈틀 갓 꽃봉오리를 열어가는
멈출 수 없는 포화(飽和)의 속도도 아니다
내가 정말로 당신을 사랑하는 것은
아홉 개의 화살촉에서 뿜어져 나오는
불타는 정염의 펼침 화음도
불화살에 꽂힐 때마다 활활거리는 분노도 아니다
사과의 원죄와 늘 용서의 반대쪽을 쏘아대면서도
한 그림쟁이만을 사랑할 수밖에 없는
신의 질투도 아니다
내가 진짜로 당신을 사랑하는 것은
애증의 화염 증오의 염색염료로
그 염색염료를 승화시킨 사슴 한 마리,

탄생의 비운을 붉게 물들인 모태의 모반과
검은 머리를 굵게 땋아 올린 표정 실종의 자화상,
당신을 생각하면
국적도 본적도 없는 그 천형의 예술혼을 생각하면
내 안에서 끓어오르는 시의 염색체를 멈출 수가 없다
언제까지나 이렇게 당신은 내 깊은 곳에서
시들지 않는 원색의 시를 써주길
프리다 칼로여!

시간의 경계

머문다는 것은
거처가 없다는 것이다

시간의 경계 밖에서
은신처를 찾는

나는

늘
실종되고 만다

거미줄

아슬한 거미줄에 매달려
해탈의 잠을 청하는

거미는 수직의 길을 잇고

엉겁결에 범한 하늘
그 하늘 차마 떠나지 못하고

눈에도 잘 보이지 않는
길이 된 거미줄

방울방울 맺힌 눈물
맨발을 내딛는다

나는 해독불명

몽골의 초원과 고비사막, 그곳에 가면
카멜레온 몸에 날개를 겹겹이 단, 내 안의 나와
사슴 목에 큼지막한 눈알
망아지 같은 다리 배로 가진 나를
가만히 살펴보려고 했다
날아온 허공에 얼마나 금이 갔는지
몸뚱이에 배어난 얼룩이랑
여덟 개의 다리로 마구 뛰어온
내 발자국을 뒤돌아보려고 했다

광활한 땅 사막 한가운데 서서
목 빼고 눈이 시리게 바라본 세계
확연히 보일 줄 알았지
마음속에만 자리하고 있었던
이 황야, 나는 해독불명

창조의 개벽처럼 장엄한 저 저녁노을
긴 머리카락을 휘날리는 초원의 바람

구름 떼들과 가득 찬 공기의 입들은
외계의 언어들을 끝없이 방언한다
칭기즈칸, 흑노 무덤, 샤머니즘에 얽힌 끄나풀
빨강 파랑 헝겊조각들
가도 가도 나는, 해독불명에 둘러싸인다

바위

그는 불이었다
그는 물이었다

불에 닿으면 불덩이가 되고
물에 씻기면 물이 되는

그는 물이었다
그는 불이었다

너는 불이고
나는 물이고

내가 불이 될 때
너는 물이 된다

벼루

나는 물을 좋아한다
물을 가두고 물의 애무를 받는 동안
나는 여러 사생(寫生)을 산란한다

진주보다 더 유혹적이고 촉촉한 눈빛으로
코끝을 건드리면
여우꼬리만 한 붓이
산란의 먹물을 한입씩 머금는다

청초한 난초 잎에 나비 한 마리
대숲에 이는 떼바람
햇봄을 이고 피어나는 홍매화
붉고 늙수그레한 소나무를 탄생시킨다

오직 먹빛,
내 몸 안엔 삼라만상이 깃들어 있다

그렇게 한 시대가 흘렀다

올망졸망 새끼를 거느린 산양 한 마리가
무등(無等)에서 내려다본 세계는
새파란 풀밭이었다
언젠가는 바위산을 내려가
풀밭을 누비며 살리라는 당찬 꿈이었다
제 눈에도 안 보이게 그 꿈은
숫양의 커다란 뿔 속에서 자라고 있었다
새끼들도 눈에서 멀어질 만큼의 열망,
몇 번인가 무리를 떠났다가 돌아오지 못한
산양들을 보기도 하고 듣기도 하면서
그럴 때마다 초원은 달콤한 손짓을 해댔다
아카시 꽃타래 만개한 어느 봄밤
입석(立石)이 무너지고, 서석(瑞石)이 무너지고
우박처럼 침입자들이 쏟아져 짓밟는
살풍경이 벌어졌다
돌을 맞고 돌을 던지고 불을 질렀다
숫양의 뿔 속에선 열망이 뿌리째 뽑혀 나갔지만
무등(無等)의 봄은 오지 않았다

그렇게 순수의 시대는 흩어졌다

그렇게 한 시대가 흘렀다

무인도

눈이 빠지게

기다리는 사람만 있고

차마 부칠 수는 없는

고도에서의 내 설익은 약속

맨가슴에 묻혀 시들고

햇빛도 못 보는

고독한 명분들은

밤하늘에 흩어 흩어져

잔별들로 뜨고

뭍에 닿지 못할 바람우체통

섬 중의 섬

무인도

바윗돌

외톨이로 주저앉아 있다
다듬다 만 바윗돌 하나
정 맞은 곳마다 눈감은 형상이다

그냥 있었던 곳에 두었더라면
그는 근본을 잊을 일 없었을 걸
혹여 다른 이름으로 살아가기를
그도 원했을까

사람의 얼굴 모양만 쪼아놓고
훤칠한 이목구비가 없으니
온 곳도 갈 곳도 잊었겠다

눈도 떠보지도 못하고
이름 하나 얻기도 전에 멈춰버린
저 고요한 침묵,
어느 장인의 사생아
사철 바람 소리만 스친다

입석대

무등산 높은 봉우리
어느 광년 우뚝 솟아오른 이상이
한 고을의 뼈대를 이루고 있다

한때는 절망의 절벽이었고
더 이상 변호할 수 없는 벼랑이었다

몇 번의 거센 바람과
시대의 함성에도 의연히
한 고비 한 고비 버텨온,

입도 벙긋 않고 두꺼운 눈꺼풀 그대로
한 점 흐트러짐이 없는 장대한 모습이다

절망과 열망 좌절과 희망
두 귀를 한 몸에 지닌
무등산 입석대

만추

더위와 가뭄을 견뎌낸
바위산 나무들은 더욱 뜨겁다

천불동 골짜기와 등허리에 온몸
납작하게 엎드린 나무와
바람의 길을 가르쳐준 나뭇잎들이
숯불처럼 이글거린다

어느새 나의 가을도 오후 세 시,
저들의 열도만큼이나 최고도의 나의 열망,
몽글몽글 숨고르기를 한다
누군가는 이 시간 모퉁이 길을 돌아
가파른 언덕을 넘어오느라 헉헉대겠지

평지를 지나면 누구나 고갯길이 있듯
준령을 넘어서 맞이하는 나의 만추,
바위 뒤 숨은 바람이 때맞춰
훅, 입김 불어넣는다

화들짝 이글이글 타는 단풍잎을 본다

하얀 솜버선을 신은 겨울은
아직 멀다

해갈

내겐

모래사막 한 벌

거미줄 한 줄

광야 몇 개

호수 하나

내가 가장 오래 묵었던 섬 하나

동굴 서너 개가 있다

은둔 움막 그리고 무상

그리고 신과의 대면이 있다

새벽, 지금 창밖에는

오랜 가뭄 끝에 찾아드는

단비의 물방울 소리로 가득하다

천둥은 오랜 가뭄과 대신하듯

한 울의 건반을 우르르 뛰어다니고

번갯불에 비춰 나는

해갈, 이 글을 쓴다

쓸쓸한 동거

고무신 한 켤레와 나무의자
길과 휴식이 나란하다
어느 날 어느 감동이 마음에 품어온
한 스님의 유물이다
떠돌이와 기다림
주인이 세상을 떠난 후에야 정박, 정박
동거를 한다
초등학교 걸상 같은
네 개의 나무 다리, 낡은 등받이, 그 나무
밤낮 꿈을 길어 올렸을 때를 떠올려본다
스스로도 알 수 없는 무언가가 되기 위해
저녁 종소리에 잠이 들고
목탁 소리에 단잠을 깨워온 생,
생살이 트는 추위와
곁가지 걸귀내는 의지의 시간들이
법정에 의해 빠삐용 의자가 되었다
저, 정갈한 흰 고무신과 왜소한 나무의자
고즈넉이 저문 자의 흔적으로 남아 있다

아무도 신을 수 없는 그 누구도 앉을 수 없는
그림자마저 잠든,

누군가

누군가 당신을 지켜보고
누군가 당신 뒤에 서 있고
누군가가 당신을 에워싸고 있습니다

홀로일 뿐이라고 외로워할 때
혼자만 당하는 것이라고 원망할 때
그 어디에도 머리 둘 곳 없다고 몸부림칠 때에도

당신은 결코
혼자가 아니었습니다

당신을 내어놓은 이가 있듯
혼자인 사람은 없습니다

제4부

물 위에 그려요

물 위에 그려요
내게 들킬까봐
물로 그려요

물 위에 새겨요
새겨질까봐
물로 새겨요

물을 담지도 못해요
물속에 감춘 물결
내 손에서 일렁일까봐

정지된 풍경

장단역 증기기관차
비무장지대에 버려진 지 육십여 년
눈물마저 녹이 슬어
피울음 소리 없이 흘린다
텅 빈 화통 속에서 백발이 된 바람
목 쉰 노래를 부르며 지나간다

스무 살 오빠는 삼팔선 무성한 수풀 속에
이름 없는 풀꽃으로 피어 있을까
저 기차를 타고 간 큰 오빠는 돌아오지 않았다
어머니 가슴에 영원히 살아있는 오빠
언제나 외로울 때면 나타나
누이야 내 등에 업히렴,
다정히 등을 내민다

눈비 맞아 삭아버린 바퀴
아련히, 바람에 스며오는 증기의 숨결들
흑백의 시절 훌쩍 넘어

반세기 넘게 침묵을 지킨 증기기관차
무성한 잡초 속에서 누굴 기다리고 있나
풍경은 정지되어 있는데

어머니의 지도

외발 바늘처럼 사신 어머니
어머니가 남긴 조각보, 한 장의 지도네
조각을 이은 헝겊들은 어머니의 일생이네
명절이면 고명딸의 새 옷을 짓고 남은 자투리
반듯반듯 이마를 맞대고 있네
세모와 네모를 이어붙인 꼭짓점에선
잠시 숨 돌리시며 젖을 물렸을
어머니의 흔적, 바늘땀이 눈부시네

섶다리를 건너면 들꽃이 고운 나물 캐는 들녘
친정어머니를 찾아갔다가 되짚어오신 어머니
시집살이 고된 길 어디쯤일까
다랑논 밭뙈기 같은,
밥 광주리를 이고 발 저리게 걷던
젖은 논둑길이 아스라하네

동네 어른들의 나들이 옷감을 마름질해 주던
그 희고 고운 손의 어머니

베헝겊 울긋불긋 눈밝이*들이 눈 맞추네
어머니의 시간을 완성한
섬섬 조각보 하나
굽은 길도 곱상한 어머니의 지도를
뒤따라가네

---

*눈밝이: 옛적, 한복 옷감을 마름질(재단)해 주면 눈이 밝으라는 의미로 자투리(피륙조각) 헝겊을 주었다.

들꽃에 녹이 슬다

비무장지대 녹슨 철모 사이
들꽃 한 송이 피어났다
어느 무명용사 철모에 담긴 불
저 꽃은 분명 죽은 이의 영혼이다
저 머리를 관통한 죽음이
이제 백골로 바랬다
목숨 진 자리 꽃은 살아
이 봄이 뜨겁다
포성은 자고 전쟁은 그쳤다
이제 일어나라 용사여
너의 잠이 너무 깊다
그만 일어나라고 노란 꽃 한 송이
바람이 꽃대를 흔든다

동굴

광야에서 만난 바위동굴
바람을 거슬러 거슬러
허공을 컥, 삼킨다

동굴 안은 어둠의 반라(半裸)
무상, 무아의 텅 빈 공허
텅 빈 공허는
긍정의 빨간 심장이다

하모니카의 노래

그는 그리움을 노래했다
보고 있으면 더 보고 싶어지는 사람을 노래했다
들꽃 속에 있는 벌레들을 노래했고
시계꽃을 누비는 벌들의 노래를 따라 불렀다
그는 늘 외로웠다 곁에 있어도 그리운 사람이기 때문이었다
많이 고와도 조금 예쁜 것처럼 조심을 부렸다
숨어서 꽃대를 흔들고만 있는 풀벌레처럼
어여뻐도 어여뻐도, 눈에 넣어도 아프지 않을 사람을
평생 그리워하며 노래를 불렀다
행여 모르는 곳으로 날아갈까 봐 말로 다할 수 없는 노래를
하모니카의 열 개 스무 개의 입을 빌려 노래하곤 했다
공원 한편에서, 늦은 밤 연못가에서
등 뒤로 지나가는 발자국 소리를 외면 아닌 외면을 가장하
고
더 크게 불렀다 불러댔다 그리운 노래를
가슴속에서 쉴 새 없이 떠다니는, 외로움의 재주넘기를
하모니카의 조그만 소리의 입을 빌려 노래 불렀다
아무도 봐주지 않는 들은 척도 않고 지나가는,

때로는 시끄럽다는 불평을 삼키면서도 멈출 수 없었던
그의 노래, 청보랏빛 꽃나무로 커다랗게 서 있다
한 그루 풍성한 꽃나무로 서서
하모니카를 깜박 잊고 간 그는
노란 꽃가지를 사방으로 흔들고 있다

연천역에서 발이 묶였다

연천역에 있는 둥그런 수통,
높이 세워진 원통의 물 저장고는
증기기관차의 생명수인 물 창고였다
사월 오늘, 오래된 수통의 담벼락을
푸르게 푸르게 기어오르는 넝쿨들,
지금도 가슴 미어지게 하는
식민의 시간은 짧았다고 말하는 듯
먼 미래를 향해
청정한 조국의 하늘을 향하고 있다
물 창고 마당 한편,
녹슨 증기기관차의 화통이
남과 북을 신나게 달리던 기차의 머리통이
열차 칸칸을 모두 잃고
끊겨버린 다리에 발이 묶여 있다
더는 달릴 수 없어
앉은뱅이가 되어 삭아가고 있다 이제는
숨 놓아 바람구멍만 목소리를 내는
증기기관차의 화통이여,

잊지 않으리라
무명용사들을 영원히 추모하듯
내가 가고 네가 시간 속에 묻힌다 해도
영원히 잊지 않으리라
너의 뜨거웠던 숨소리를

돌

허리가 많이 굽은 사람과 그보다 덜 구부러진 이가

손을 잡고 나란히

뒷모습으로 걸어가고 있다

걸어가고 있다

해질녘이었다

슬픈 곡조

콩밭에서 부르는
콩새의 노랫가락에는
즐거움과 서러움의 울림이 있다

지렁이를 잡아먹은
배부른 즐거움과
새의 먹이가 되어 비로소
하늘과 땅 사이를 나는
콩밭 지렁이의
슬픈 곡조

콩새의 노랫가락에는
진득한 흙냄새가 묻어난다

한산모시

시집갈 때 외할머니가 해주신
한산모시옷 한 벌
장롱 깊숙이 농지기를 한다
여름 한나절 햇빛과 바람을 쏘일 때마다
외할머니 향기를 맡는다

나 그 나이쯤 되면 입을라나
고이고이 간직한 세모시 치마 적삼
섶다리 아래 조약돌을 어르는 냇물처럼
입매도 고운 할머니가 입으신 한산모시 적삼은
살빛도 곱게 아른아른 얼비쳤다

청명한 여름날 뒤란에서
사분사분 거니는 모시풀 옷
댓돌 위 흰 고무신을 신는 모시 두루마기
모시를 삼던 닳은 무릎, 실을 잣던 물레 소리
잘크덕 잘크덕 베틀 소리 먼 귓가를 맴돈다

서천 세모시에는 늘 서해 바람이 쉬었다 간다
해송 그늘이 부채를 팔랑거리다가 낮잠을 잔다
비단잠자리 날개처럼 섬섬 멋스러운 옷
올여름엔 그 농지기 한산모시옷을 꺼내
찹쌀풀을 서늘하게 먹여 외할머니처럼
한껏, 한껏 멋을 한번 내볼까

이슬의 고백

나는 밤을 기다려요
낮이면 조바심이 나서
땅거미 지기도 전에 나와서 기다려요
그러면 풀섶에 깃든 여치랑 메뚜기의 졸음을
쫓아버리기도 하지요
가문 날에는 시든 풀잎들이 먼저
옷매무새를 가다듬느라 부스럭거리죠

나는 밤을 기다려요
낮이 긴 한여름이면 발이 저려서
논도랑을 기웃거리면 벼포기를 맴돌고 나온
개구리 발에 묻은 물방울이 먼저 좋긋 하지요
물거미도 곁에 와서 거미집을 짓고 물질을 하지요
당신 때문에 당신이 나와야만 내 젖은 눈시울은
하늘의 빛을 심어 보석처럼 빛이 나지요

청명한 밤 당신과 나의 황홀한 세상,
하늘의 빛과 대지의 눈물이 찰랑이는

어떻게 그런 밤을 기다리지 않을 슬픔이 있겠어요
쇠뜨기풀 끝에 앉은, 불개미 눈물만큼의 희망이
어둠을 비추는 그 눈빛으로 찰나를 살지라도
나는 밤을 기다려요 찰나를 이어붙일
나는 밤을 기다릴래요

금강송

금강송 한 그루
백여 년을 지켜온 비탈 아슬히 내려다본다
뒤따라 자라난 후손들을 보며 안도한다
오직 곧게 하늘을 보며 살아온 붉은 소나무
숱한 삭풍 속에서 모든 나무들이 떨고 있을 때
송운, 거문고 소리를 내며 달래주었고
송뢰로 적을 물리치기도 했다
뿌리와 송진을 캐가는 것을 지켜봐야만 했던,
6·25와 충신들의 지조가 되어주었던 금강소나무
뿌리만 무덤처럼 후손 곁에 남겨두고
이제 나라의 부름을 받아 산을 내려가야 한다
육백여 년의 역사와 함께 불타버린 숭례문
그 기둥이 되기 위해 묵묵히 하산한다
찬란한 새 숭례문으로 부활할 금강송
난세에 충직한 지사처럼
단단한 육질의 생을 아낌없이 바친다
이 젊은 죽음,
금강송 한 그루가 순직했다

시와 유희

당신의 마음이 보이는 날엔
봄날 아지랑이처럼 춤을 춥니다
당신의 호수 같은 눈동자를 떠올릴 때면
내 가슴은 요동을 치고
그 호수 안에서 사랑의 유희가 펼쳐집니다
당신은 나에게 춤을 추게 하고
온갖 유희를 하고 그러면, 그러면, 그러면
내 심장은 모든 시름을 잃어버립니다
당신의 마음이 보이는 날엔
또 당신의 마음이 보이는 날엔
봄날 아지랑이처럼 춤을 춥니다
호수 같은 눈동자를 떠올릴 때면 나는,
사랑의 유랑을 떠납니다
오늘은 당신의 한껏 부푼 춤과 유희로
저물지 않을 것 같은
황홀한 불꽃으로 타오르는 날입니다

나비

1.
나비
내 몸에 가시
찔레꽃 가시
향기를 좇다가
가시에 박힌
가시나비

2.
나비
내 몸의 구름
먹구름 속에서도
무지갯빛을 하냥 꿈꾸는
범나비

3.
나비
내 몸의 바다

깊이를 알 수 없는
내 안의 바다
무서운 줄 모르고 춤추는
파도나비

그리움은 야위지 않아

외로우면 노래 불러요
보고 싶어도 노래가 나와요
어제는 내내 당신 생각으로
하루를 보내고도 지칠 줄 몰라요
당신은 잠들 줄도 모르나 봐요
밤을 잊은 양 당신 생각은
온통 나를 감싸고 눈이 부셔
이틀이 지나고도 또 하루가 저무는데
나의 둘레를 나의 안과 밖을
떠날 줄을 모릅니다
당신은 내게 누구십니까
대체 누구십니까
뵈지 않으면서 다 보여주는
한때는 당신을 원망한 적도 있었지만
그렇다 해도 당신 안에서
한시도 떠난 적이 없었지요
나는 당신으로 길들여진 바람,
야위지 않는 그리움입니다

해설

인간존재의 내면적 탐색과 외면적 확산

홍성암 문학박사·전 동덕여대 교수

주로진 시인은 십여 년 전에 『빨간 우체통』이란 시집을 낸 바가 있어서 이번 『동굴』은 그의 두 번째 시집이 된다. 그는 교육자인 부군을 성공적으로 내조하고 네 자녀를 키우는 등 헌신적인 가정주부로서 살아왔다. 이런 외형적인 일반성에서 벗어나 자신의 내면에서 소용돌이치는 욕망, 이루지 못한 것들에 대한 회의, 인간존재의 본질에 대한 의문 등을 탐색해 보고자 하는 열망을 갖게 되었고 그것이 시 창작에 대한 열정으로 표출된 것으로 보인다.

이 시집에서 주로진은 인간존재로서 자신을 추적하고 내면의 심층에 유동하고 있는 의식의 본질을 탐색한다. 그리고 그런 감정의 흐름을 개성적인 방법으로 이미지화함으로써 개인적 사색을 존재의 일반성으로 보편화시킨다. 제1부의 시들은 그런 내면적 사색의 일반화를 성공적으로 형상화시킨 시들인데 그 바탕에서 사색의 대상을 외면으로 확산시킨다. 제2부의 자연, 제3부의 신화, 제4부의 역사로 변용되는 이 시집의 흐름을 그런 관점에서 관찰할 수 있다.

인간존재의 내면적 탐색과 이미지화

이 시인의 내적 욕구 즉 인간존재로서 자신의 내면을 이미지화하면서 가장 관심을 보인 몇 가지의 제재적 특성을 살필 수 있다. 이는 「해갈」이란 시에서 동원된 몇 개의 모티프에서 집약적으로 드러난다.

내겐

모래사막 한 벌

거미줄 한 줄

광야 몇 개

호수 하나

내가 가장 오래 묵었던 섬 하나

동굴 서너 개가 있다

은둔 움막 그리고 무상

그리고 신과의 대면이 있다

—「해갈」 부분

이 시에서 동원되고 있는 모래사막, 거미줄, 광야, 호수, 섬, 동굴, 움막, 무상, 신 등의 제재는 이 시인에게는 인간적 고뇌 또는 내적 갈등의 키워드다. 즉 생존의 현장에서 인간적 한계와 허무를 환기하는 시적 모티프다. 시집의 제1부에 집중되어 있는 이들 모티프가 환기하는 시인의 내적 정서를 관찰해 보자.

바람이, 세상 모든 바람들이 우우—
낯선 얼굴들을 들이민다
나무 한 그루 그늘 한 자락 없다
어쩌다가 납작 엎드린 마른 풀 몇 포기,
어느 행성에서 쓰다 버린 별들인지
주먹만 한 돌멩이들이
식어버린 분노처럼 널브러져 있다.

—「광야에서」 전문

이 시에서 인식되고 있는 세상은 '낯선 얼굴의 바람만이 불어오는 세상, 나무 한 그루 없고, 마른 풀 몇 포기, 식어버린 분노처럼 널브러진 돌멩이들'만으로 가득한 곳이다. 시인 자신이 적응하기에는 너무나 낯선 광야다. 그런 세상을 시인은 살아왔다. 인고의 나날들, 누구의 도움도 없고 스스로만이 극복해야 했던 그 어려움의 현장, 그것이 자신의 내면적 삶의 실상이었다고 시인은 발언하고자 한다. 이 시가 환기하는 외롭고 쓸쓸함의 정서는 곧 대부분의 인간들이 공유하는 정서이기도 해서 더욱 공감대를 형성한다. 불완전한 인간존재의 고독은 그것을 깨닫는 순간 누구나 불안과 좌절, 허무의 늪에 빠지지 않을 수 없다. 다음의 시들은 그런 정서의 연장선에 놓여 있다고 하겠다.

사유의 텅 빈 여백,
낮은 천장과 긴 터널로 이루어졌다
머리를 낮추고 사뭇 익살을 부려보지만
누군가 뒤따라오는 소리……

—「터널」 부분

바람이 허공을 체질하고
허공이 바람을 물어뜯는 소리 가득하다

무엇인지 모를 서두름에 휘둘리는
상형문자들이
모래바람 속에서 말을 걸어온다

—「모래무덤」 부분

돌이 돌 하나를 들고 징검다리를 건너는 것은
어떤 불안한 의지, 의지의 무게를 거머쥐고
생의 샛강 하나 건너가는 일이다.

—「검은 돌」 부분

이들 시에서 드러나는 강렬한 인상의 이미지들을 살피면 "사유의 텅 빈 여백" "바람이 허공을 체질하고" "돌이 돌 하나를 들고" 등이다. 낮은 천장과 긴 터널을 끝없이 걸어야 하는 인간 삶의 한 단면이 파악되고, 허공이 바람을 물어뜯는 허무의 깊이를 느낄 수 있다. 그리고 돌이 돌을 들고 강을 건너는 삶의 불안, 부조리함 등도 사색하게 된다. 동시에 불안하고 불명료한 인간존재의 불확실성은 "누군가"로 또는 "무엇인지" 그리고 "어떤"이란 지시어로 대변되기도 하는데 그것은 황막한 광야를 걸어야 하는 인생의 다른 변용이다. 삶이란 깊이 사색하면 할수록 허무의 늪에서 헤어나기 어렵다. 그러나 그것이 인간의 본질이라는 데 문제가 있다. 눈을 감는다고 비켜갈 수 있는 종류가 아니다. 시인은 그처럼 자신에게로 다가오는 생명의 본질, 생존의 정체를 깊이 관조하며

담담히 수용한다. 이들 시에서 드러나는 적막함의 정서는 이런 진실의 실체를 정면으로 응시하는 데서 가능해진다.

주로진이 시에 접근하는 방법은 서술이나 설명이 아니라 이미지의 형상화에 있다. 예컨대 「이슬」에서 물방울을 "빛의 누각" "저 작은 물의 집" "세상에서 가장 단단한 집" 등으로 표현한 것이나, 「광야에서」의 "행성에서 쓰다 버린 별" "식어 버린 분노"와 같은 이미지가 그것이다. 현대시에서 가장 중요한 요소가 새롭고 신선한 이미지의 창출이다. 사상의 깊이나 명료한 지적 해설보다 한 구절의 뛰어난 이미지가 바로 삶의 본질을 직접적으로 체득시킨다고 보는 것이다. 허무, 무상 또는 불안, 절망 같은 인간존재의 태생적 한계를 탐색하기 위해서는 이미지화된 언어만이 가능하다. 그런 점에서 시인의 언어는 일종의 마술과도 같다. 다음은 이 시인이 자신의 삶과 언어와의 상관성을 다룬 작품이다.

> 나는 평생 엎드려 글을 쓴다
> 고구마밭 한 뙈기는 내 습작노트
> 이 고랑에서 저 고랑까지 사래 긴 밭
> 구불구불한 부호가 내 언어이다
>
> ―「습작노트」 부분

> 아득한 원시로부터 들려오는 소리
> 실체 없는 언어를 해독한다

풀 수는 없으나 저, 고요한 불길
가슴이 점점 뜨거워오고 숨 쉬기조차 벅찬,
사막은 불의 언어로 충일하다

—「사막은 그늘의 반대 방향으로 눕고」 부분

앞의 시는 고구마밭을 습작노트에 비유하여 구불거리는 이랑 그 자체가 언어의 모습이며 "읽지 않은 일기장"으로 형상화하고 내가 찾는 답이 어디에 있을까를 고뇌하면서 어둠에 밝은 눈으로 밭을 뒤진다라고 되어 있다. 시인은 자신의 삶을 시로 표현하면서 마치 고구마밭을 뒤지는 심정으로 접근했던 것이다. 농부가 농사짓는 그런 노고와 결실 그리고 불확실성의 극복에 이르기까지 동일한 심성으로 시에 임해왔다고 서술한다. 「사막은 그늘의 반대 방향으로 눕고」에서도 적막한 삶, 텅 빈 공허를 극복하기 위해 바람과 불의 운율에 맞추어 사막에 언어의 발자국을 남기고자 했다. 시인의 삶은 결과적으로 황막한 인생의 사막에 언어의 발자국을 남기는 작업인 것이다.

은유적으로 표현되는 이런 시의 형상화는 이 시인이 언어에 대한 특별한 관심을 살피게 된다. 언어가 곧 삶의 본질일 수 있다는 성경적 인식과 궤도를 같이한다. 결국 인간은 사유의 동물이고 그 살아있음은 언어로 표출된다. 언어가 삶의 구원이다. 이 시인이 자신을 탐색하는 방법론으로 시를 선택

한 것은 이런 깨달음의 결과다. 그것은 또한 이 시인이 시를 쓰는 확실한 이유가 된다.

삶의 외적 발현, 자연, 신화 그리고 역사

앞 장의 시에서 드러나고 있는 것은 시인의 인생에 대한 내적 사색과 인간존재에 대한 성찰, 그리고 자신의 본질에 대한 탐색이 그 중심이다. 그것을 바탕으로 그 사유 체계가 외적으로 발현되고 있는 것이 제2부, 3부, 4부의 양상이다. 즉, 자연과 신화, 역사가 그것이다. 물론 이들 시가 획일적으로 또는 논리적으로 그렇게 배열된 것은 아니지만 무의식중에도 시인은 그런 하나의 구도 속에서 시를 대면해온 것으로 여겨진다.

여기서 자연은 시인이 살고 있는 환경, 그 자신의 내면을 조립하게 하는 기본적인 대상일 테지만 특히 나무와 꽃으로 집약해볼 수 있다.

> 날개가 없는 나무들은 광활한 창공을 가졌다
> 바람과 동행하며
> 하늘의 음성에 귀 기울인다
> 가문 날엔 뿌리는 더 깊이 내려가

땅속의 길을 찾는다

—「그루터기」 부분

쩍쩍 갈라진 묵은 시간의 틈새
해맑은 초록 순 하나,
뼛속 깊이 묻어두었던
예시된 임종의 언어인가
켜켜이 꺾이고 허물어진 생의 둘레 안
저 고목의 초록 유언,
아무도 흉내 낼 수 없을 것만 같다

—「초록 유언」 부분

자연이 지니는 생명체의 모습이 가장 잘 대변되는 것이 나무다. 나무는 정적이지만 광활한 창공을 지니고 바람과 동행하며 하늘의 음성에 귀 기울인다. 땅속 깊이 길을 찾는다. 생명을 지탱해주는 원천이 그곳에 있기 때문이다. 이 시는 나무가 밑동을 버려도 뿌리는 남아 새로운 그루터기로 길을 내는 강인한 생명력을 다루고 있다.

비슷한 형상화라고 생각되는데 "한평생/자기 무덤을 함께 갈무리해 온 팽나무"가 그 고목의 갈라진 틈새로 새롭게 돋아나는 "해맑은 초록 순 하나"를 내미는 것을 발견하고 그것이야말로 이 오래된 나무의 임종의 언어로서 곧 "고목의 초록 유언"이 된다고 표현한다. 생명의 신비함, 생명의 소중함을 나무를 제재로 형상화한 것이다. 즉 시인의 내면적 탐색이 외부의 환경과 만나는 그 접맥 과정에서 나무의 생명성으로 발현된 것이다.

다음은 '꽃'으로 변용된 경우다.

칠월 한낮
하늘은 태양을 달구고
드넓은 연못은
세상에 꽃등을 내걸었네
내 안에 꽃불 하나 환하네

—「연꽃」 부분

이 시는 궁남지 홍련 백련들이 오백나한처럼 그윽한 향불을 피워 올리는 모습에 대한 경탄을 통해서 연꽃의 존재에 대한 경이감을 드러낸다. 드넓은 세상에 꽃등을 내걸고 꽃불로 타오르는 연꽃의 모습은 인고의 끝에 맺는 결실의 모습이며 아마도 시인 자신의 모습과도 무관하지 않다.

「제비꽃」을 다룬 시에서도 비슷한 관점이 발견된다. "한적한 들판이나 인적 드문 산기슭에/절로 나서 저절로 피는 제비꽃"이 조그만 꽃잎 가녀린 몸으로 옹골차게 살아가는 열망으로 씨방 가득 꽃씨를 채우는 모습에서 삶의 가치 생명의 소중함을 탐색한다. 연꽃이나 제비꽃의 형상화를 통해서 시인은 자신과의 동일화 과정, 감정이입으로 교감되는 정서를 공유한다. 생명의 정점이기도 한 꽃의 모습과 그 결실로 얻게 되는 열매는 인고의 삶을 견디어온 시인의 현재일 수도 있고 주어지는 보상으로서의 가능성일 수도 있다. 그런 점에서 시인의 삶이 나무와 꽃을 통해서 은유적으로 환기된다고도 보겠다.

제3부에서의 신화성은 시인의 개인적 사색이 집단적인 모습으로 변용되는 양상이다. 즉 생명이나 존재의 문제가 개인에 머물지 않고 인류의 이념, 전통, 관습 등의 양상으로 승화될 때 신화의 모습이 된다. 이는 인류 본성의 원형(archetype)을 탐색하는 작업이기도 하다. 신화는 역사와 매우 근접하는데 보다 근원적 원리를 신화라고 한다면 역사는 그 구체적 행위, 사건의 집합이라고 할 수 있다. 주로진 시인이 이런 신화와 역사의 영역으로 자신의 의식을 확대시키고 있는 것은 자신의 사색을 개인적인 영역으로 한정시키지 않고 이웃 또는 인간, 인류의 영역으로 확장해서 사색한 결과로 여겨진다.

화가 디에고를
아프로디테의 아들인 한 남자를
사랑하니까 쏘고
사랑이 아프니까 쏘고
사랑이 미우니까 쏘고

사랑이 멀리 있으니까 쏘고
사랑이 다른 여인에게 가 있으니까 쏘고
사랑이 다름 아닌 여동생이니까 쏘고
사랑하는 여동생이니까 쏘고
그러는 자기 사랑이 싫어서 쏘고
그런 사랑을 사랑할 수밖에 없어 쏘아댄
아홉 개의 화살 자국에 핏빛 선연한,
하얀 사슴 몸뚱이에 제 얼굴을 달고 뛰는
암사슴 한 마리, 프리다 칼로

—「화살」 전문

이 시에 나타나는 멕시코의 화가 프리다 칼로는 자신의 고통스러운 생을 강렬하고 충격적으로 그려냄으로써 관능적이고 개성 강한 자의식의 세계를 창조한 인물이다. 그녀는 교통사고의 후유증으로 평생을 고통 받았고 또 사랑했던 남편 디에고로부터 여동생까지 빼앗기는 고통을 겪었다. 그러면서도 자화상이란 이름으로 자신의 기억과 경험, 환상의 세계를 재창조하였는데 멕시코 토속문화와 결합된 초현실적인 화풍의 화가로 알려져 있다.

이 시에서 드러나고 있는 프리다 칼로의 자화상은 아홉 개의 화살을 맞고 피를 흘리는 암사슴이다. 사랑했던 남편 디에고의 배반에 대해 날리는 사랑의 화살이다. 이때의 화살은 사랑의 본질에 대한 탐색이기도 하다. 사랑하니까 쏘고, 사랑이 아프니까 쓰고, 사랑이 미우니까 쓰고, 사랑이 멀리 있으니까 쓰고, 사랑이 다른 여인에게 가 있으니까 쓰고, 사랑이 다름 아닌 여동생이니까 쓰고, 자기 사랑이 싫어서 쓰고…… 하는 식의 '사랑론'은 사랑의 본질을 직관적으로 파악한 것이다. 사랑은 사랑 자체로 존재하는 종류다. 다른 이유는 주변적이다. 소박하지만 직관적으로 체득되는 사랑의 본질을 신화로 수용했다는 점에서 매우 인상적이다.

광활한 땅 사막 한가운데 서서
목 빼고 눈이 시리게 바라본 세계
확연히 보일 줄 알았지
마음속에만 자리하고 있었던
이 황야, 나는 해독불명

—「나는 해독불명」 부분

아카시 꽃타래 만개한 어느 봄밤
입석(立石)이 무너지고, 서석(瑞石)이 무너지고
우박처럼 침입자들이 쏟아져 짓밟는
살풍경이 벌어졌다
돌을 맞고 돌을 던지고 불을 질렀다
숫양의 뿔 속에선 열망이 뿌리째 뽑혀 나갔지만
무등(無等)의 봄은 오지 않았다

—「그렇게 한 시대가 흘렀다」 부분

앞의 시는 몽골의 초원과 고비사막에서의 인상이다. 창조의 개벽처럼 장엄한 저녁놀과 긴 머리칼 휘날리는 초원의 바람, 구름 떼들과 찬 공기의 입들, 외계의 언어들을 끝없이 방언하게 하는 원초성을 느끼게 된다. 칭기즈칸, 흑노, 샤머니즘에 둘러싸인 세계는 장엄한 원색의 세계다. 몽골이라는 먼 곳에 대한 동경은 인류의 먼 근원에 대한 동경이기도 하다. 그런 점에서 이 시는 신화적 인식의 한 면모로 보게 된다.

그에 비하여 아래의 시는 시인 자신이 살았던 곳의 신화적 형상화다. "올망졸망 새끼를 거느린 산양 한 마리가/무등(無等)에서 내려다본 세계는/새파란 풀밭이었다"로 시작되는 이 시는 언젠가는 바위산을 내려가 살리라는 당찬 꿈을 지녔던 산양이 어느 날 그 꿈을 잃어버리는 과정 즉 순수의 시대가 지나가는 체험을 다루고 있다. 이런 개별적 체험의 일반화가 신화다. 인간은 그런 좌절 속에서 성숙한다. 그리고 이런 과정의 담론이 신화로 자리 잡게 된다.

신화가 인류의 집단무의식의 형태로 전승되는 데 비하여 역사는 그 민족의 구체적 과거로 전승된다. 이 시인이 6·25 전쟁의 흔적을 시로 형상화한 것은 한 국가의 구성원으로서 또는 민족의 일원으로서 자신의 정체성에 대한 사색일 수도 있다.

장단역 증기기관차

비무장지대에 버려진 지 육십여 년
눈물마저 녹이 슬어
피울음 소리 없이 흘린다
텅 빈 화통 속에서 백발이 된 바람
목 쉰 노래를 부르며 지나간다

—「정지된 풍경」 부분

비무장지대 녹슨 철모 사이
들꽃 한 송이 피어났다
어느 무명용사 철모에 담긴 불
저 꽃은 분명 죽은 이의 영혼이다

—「들꽃에 녹이 슬다」 부분

시인은 앞의 시에서 삼팔선 무성한 수풀 속에 이름 없는 풀꽃으로 피어 있을 스무 살 오빠를 떠올린다. 어머니 가슴에 영원히 살아있는 오빠. 언제나 외로운 때면 나타나 누이야 내 등에 업히렴, 하고 다정히 등을 내민다. 분단의 역사를 지닌 우리 민족의 비운은 누구의 기억에도 조금씩 그 흔적을 남기고 있다.

뒤의 시는 녹슨 철모가 환기하는 무명용사의 모습이다. 머리를 관통한 총상으로 지금은 백골이 된 죽음. 이제 그 목숨 진 자리에 봄이 돌아와 꽃이 피었다. 포성은 자고 전쟁은 그쳤지만 용사는 끝내 깨어나지 못하고 있다. 잠이 너무 깊다.

그만 일어나라고 노란 꽃 한 송이 바람이 꽃대를 흔든다. 이 시는 서사 그 자체만으로도 민족의 비운을 충분히 느낄 수 있다. 다른 설명이 필요 없을 정도다. 같은 시대를 살았던 우리 민족 모두가 공유한 체험이었기 때문이다.

외발 바늘처럼 사신 어머니
어머니가 남긴 조각보, 한 장의 지도네
조각을 이은 헝겊들은 어머니의 일생이네
명절이면 고명딸의 새 옷을 짓고 남은 자투리
반듯반듯 이마를 맞대고 있네
세모와 네모를 이어붙인 꼭지점에선
잠시 숨 돌리시며 젖을 물렸을
어머니의 흔적, 바늘땀이 눈부시네

—「어머니의 지도」 부분

이 시는 어머니의 고단한 삶을 다루고 있다. 섶다리를 건너면 들꽃이 고운 나물 캐는 들녘 친정어머니를 찾아갔다가 되짚어오신 어머니의 시집살이를 떠올린다. 다랑논 밭뙈기 같은, 밥 광주리를 이고 발 저리게 걷던 젖은 논둑길이 아스라이 잡히기도 한다. 앞의 시들이 민족의 비운과 결부된 것이라면 어머니의 삶에 대한 형상화는 시인의 개인적 체험과 관련된 개인사라고 할 수 있다.

주로진의 시는 이처럼 내적으로 자기 자신에 대한 탐색 즉 인간존재의 본질에 대한 탐색에서 시작하여 그것이 외적으로 발현되어 자연과 신화, 역사의 제재로 영역을 확대해 가고 있음을 살피게 된다. 내적 사색의 축이 외적 원심을 그으며 확대해 가는 양상이다. 그리하여 자기 자신과 자신이 살고 있는 환경 즉 자연과 인간의 삶의 본질인 신화, 그리고 민족의 구체적 체험인 역사에 이르기까지 폭넓게 섭렵함으로써 그만큼 인간적인 성숙을 가져오게 된다. 그리고 이런 삶의 승화가 훌륭한 이미지로 형상화된다. 앞으로도 이런 방향에서 시인의 탐색이 심화되고 확대되는 것이 바람직한 방향이라고 생각된다.

이 도서의 국립중앙도서관 출판시도서목록(CIP)은 서지정보유통지원시스템 홈페이지(http://seoji.nl.go.kr)와 국가자료공동목록시스템(http://www.nl.go.kr/kolisnet)에서 이용하실 수 있습니다.(CIP제어번호: CIP2018005775)

문학의전당 시인선 0276

동굴

© 주로진

초판 1쇄 인쇄 2018년 2월 21일
초판 1쇄 발행 2018년 2월 28일

지은이 주로진
펴낸이 고영
책임편집 서윤후
디자인 헤이존
펴낸곳 문학의전당
출판등록 제2017-000002호
주소 서울시 마포구 마포대로 11길 91, 3층
전화 02-852-1977 팩스 02-852-1978
전자우편 sbpoem@naver.com

ISBN 979-11-5896-361-3 03810